Luftschiffahrtrecht

Von

Ernst Zitelmann

(Aus der Zeitschrift für Internationales Privat- und Öffentliches Recht)

Leipzig
Verlag von Duncker & Humblot
1910

Die folgenden Blätter enthalten die Ausarbeitung eines auf der Internationalen Luftschiffahrt-Ausstellung zu Frankfurt a. M. vor Juristen und Nichtjuristen gehaltenen Vortrags. Absichtlich habe ich die Herkunft aus dem Vortrag nicht ganz verwischt; so erklärt sich die Form und die Auswahl des Inhalts.

Wenn in einem siegreichen Kriege ein neues Gebiet erobert wird, dann ist es die erste Sorge, nach der tatsächlichen Inbesitznahme nunmehr auch eine rechtliche Ordnung zu schaffen: dem Soldaten folgt jedesmal der Jurist. So ist es auch jetzt, da durch kühnen Wagemut, durch eiserne Beharrlichkeit, durch technische Genialität ein neues Reich, das unermeßliche Reich der Luft, für die Menschen erobert wird: auch hier ist juristische Arbeit nicht entbehrlich. Vielfach sind in der Tat die Rechtsfragen, die durch diese neuen Erfindungen geschaffen werden, die Rechtsfragen des Luftrechtes, vor allem des Luftschiffahrtrechtes. Zunächst darf ich wohl, um auch dem Nichtjuristen die juristische Bedeutsamkeit der Luftschiffahrt zu zeigen, einige Beispiele geben; ich greife sie aufs Geratewohl heraus.

Der Ballon „Conqueror" stürzte bekanntlich beim Berliner Wettfliegen infolge Zerreißens der Hülle auf das Dach eines Hauses in Wilmersdorf und beschädigte es. Wer trägt den Schaden?

Eine Familie sitzt ruhig am Frühstückstisch im Garten, da fällt plötzlich Sand auf die Speisen herab — ein vorüberziehendes Luftschiff hatte einen Ballastsack geleert. Wiederum dieselbe Frage: wie steht es mit dem Schadensersatz?

Ein Ballon will anlanden. Der gerade anwesende Eigentümer des Grund und Bodens verbietet es und widersetzt sich. Hat er das Recht dazu oder darf der Luftschiffer das Verbot mißachten?

Etwas ganz anderes. Fürst Bismarck hat im Jahre 1870, als so viele Ballons nach dem belagerten Paris hinein oder aus Paris herausflogen, mit der Anwendung der Sätze über Spionage auf dem festen Lande gedroht. War er dabei völkerrechtlich im Recht?

Als Graf Zeppelin seine großen Fahrten über dem Bodensee ausführte und auch Schweizer Gebiet überflog, hatte sich mancher Schweizer Kreise[1]) eine gewisse Nervosität bemächtigt. und es wurde die Frage aufgeworfen, ob die Schweizer sich jene Fahrten gefallen lassen müßten. Mußten sie es?

Wie steht es mit den Zollverhältnissen bei Luftschiffen? Bekanntlich erhebt Frankreich von jedem dort anlandenden ausländischen Ballon, der zurückgeschafft werden soll, einen hohen Zoll. Ist Frankreich dazu befugt?

Ein Ausländer macht in einem deutschen Ballon, der sich über russischem Gebiet in gefährlicher Lage befindet, oder in einem russischen Ballon, der sich über deutschem Gebiet befindet, eilig sein Testament und zwar in der vom deutschen Recht anerkannten ganzschriftlichen Form. Er stirbt dann. Ist das Testament gültig? Und wie steht es in diesem selben Falle mit der Beurkundung des Todes? Welcher Standesbeamte hat tätig zu werden?

Seltsamerweise ist in der Literatur mehrfach auch die Frage erörtert worden, wie es sich rechtlich verhalte, wenn ein Kind in einem Luftschiff geboren werde; ein bedeutender französischer Schriftsteller hat diesen Fall sogar für wichtig genug gehalten, um in seinen formulierten Vorschlägen die Frage, welcher Nationalität ein solches Kind angehöre, zum Gegenstand einer eigenen Bestimmung zu machen: er will über die Staatsangehörigkeit des Kindes die Gesetzgebung desjenigen Staates entscheiden lassen, dessen Flagge das Luftschiff führe[2]). Ist das zu billigen?

In einem ausländischen Ballon, der gerade über deutsches Gebiet hinfliegt, stößt ein Ausländer eine Beleidigung gegen den deutschen Kaiser aus. Nachher landet der Ballon auf deutschem Gebiet, und die Tat des Ausländers kommt zur Anzeige. Kann der Täter gestraft werden? und welches Gericht ist für das Strafverfahren zuständig? Man bedenke nur, daß das Gericht des Ortes der begangenen Tat zuständig sein soll. Aber welches ist dieser Ort?

Zwei Luftschiffer kommen in Streit, während sie sich in dem Luftschiff befinden. Der eine verletzt den anderen körperlich: welches Recht entscheidet über die Schadensersatzforderung? und wiederum: welches Gericht ist das Gericht des Orts der begangenen Tat, so daß dort geklagt werden kann?

Ein Vertrag soll — was ja leicht vorkommen kann, man denke z. B. nur an Dienstleistungen — in einem Luftschiff erfüllt werden. In mancherlei Beziehungen ist das am Erfüllungsort geltende Recht bedeutsam, aber welches ist das im Luftschiff geltende Recht?

Doch genug der Beispiele — man sieht, allen Rechtszweigen erwachsen durch diese neue Erfindung neue Aufgaben: dem Völkerrecht, dem Staatsrecht und Verwaltungsrecht, dem Privatrecht und Strafrecht, dem Strafprozeß und Zivilprozeß; ja sogar das Kirchenrecht kann in die Lage kommen, sein Scherflein beisteuern zu müssen. Und die Zahl der Fragen ist um so größer und bunter, als es sich ja nicht nur um Luftschiffe, um lenkbare und unlenkbare, handelt — ihnen als wichtigen künftigen Verkehrs- und Kriegsmitteln gebührt das rechtliche Interesse in erster Linie, und von ihnen werde ich weiterhin auch in erster Linie sprechen —, sondern daneben kommen auch Flugmaschinen, Fesselballons und unbemannte Freiballons, die zu wissenschaftlichen oder anderen Zwecken aufgelassen werden, in Betracht. Je nach der Art der technischen Einrichtung nehmen auch die einzelnen rechtlichen Fragen eine andere Gestalt an oder treten gar neue rechtliche Fragen auf. Unmöglich wäre es daher, das ganze Fragegebiet in dem kurzen Raum der Stunde, die ich hier zu sprechen habe, wirklich genügend zu erörtern. Ich habe es auch nicht vor und kann es um so mehr unterlassen, als neulich an dieser selben Stelle Professor *Meili* aus Zürich einen lichtvollen Ueberblick über den gesamten Bereich rechtlicher Fragen, die hier in Betracht kommen, gegeben hat[3]. Ich will mich vielmehr im wesentlichen auf allgemeine Erörterungen beschränken und die methodischen Gesichtspunkte sowie die theoretische Grundlage des Ganzen schärfer zu entwickeln suchen, denn hier wie überall in der Rechtswissenschaft bleibt es wahr, daß eine wirklich befriedigende Lösung der praktischen Aufgaben in Gesetzgebung und Rechtsprechung schließlich am raschesten gelingt, wenn zuvor eine klare Erkenntnis der theoretischen Grundlage gewonnen ist. Zuvor aber möchte ich einige Mitteilungen über die bisherige Geschichte der Lehre machen, die manches Bemerkenswerte darbietet.

Die Gesetzgebung hat sich mit den Fragen des Luftschiffahrtrechts noch nicht beschäftigt, und auch die Rechtsprechung hat bisher erst sehr wenig Gelegenheit gehabt, Entscheidungen zu treffen. Desto eifriger ist die Rechtstheorie am Werk gewesen. Als ich vor gerade dreiviertel Jahren zum ersten Mal in einer wissenschaftlichen Vereinigung über Luftschiffahrtrecht sprach, konnte ich schon auf eine sehr stattliche Zahl von Sonderschriften über diesen Gegenstand hinweisen, und seitdem bringt sozusagen jede Woche eine neue Arbeit — wer will noch sagen, daß die Juristen nicht fleißig seien! Das Schriftenverzeichnis, das ich mir aufgestellt, zählt bereits mehr als ein halbes Hundert Nummern; und wieviel Aufsätze in Tageszeitungen mögen mir dabei noch entgangen sein?

Von Luftrecht ist schon lange vor der Luftschiffahrt die Rede im Zusammenhang mit der Frage, wie weit sich das Privateigentum an Grundstücken auch auf den Luftraum erstrecke; über diese Frage besitzen wir auch ein ausgebreitetes Schrifttum[4]. Die ersten Bemerkungen zum Luftschiffahrtrecht finden sich dann schon sehr bald nach den ersten Flugversuchen: bereits im Jahre 1793 hat der große *Pütter* — darauf ist neulich aufmerksam gemacht worden[5] — für das damalige Deutsche Reich die Frage besprochen, ob, gesetzt, daß es gelänge, die Luftbälle, wie er sie nennt, zum öffentlichen Besten praktisch zu benutzen, der Kaiser ein Regal und Reservatrecht daraus machen könne, oder ob die einzelnen Reichsstände hier zu gebieten hätten. In der Folgezeit kommen dann in immer wachsender Zahl teils gelegentliche Bemerkungen, teils auch schon etwas eingehendere Erörterungen luftschiffahrtrechtlichen Inhalts vor, doch sind es zunächst ausschließlich völkerrechtliche Seiten des neuen Rechtszweigs, die beachtet werden, insbesondere die Frage nach dem Recht der Spionage; das Interesse hierfür schärfte sich namentlich durch die Verwendung, welche die Ballons im Kriege 1870/71 fanden. Später werden auch sonstige Rechtsfragen schon hin und wieder gestreift oder gar ausführlicher behandelt: so findet sich bereits im Jahre 1891 die Erörterung eines Italieners über strafrechtlich bedeutsame Taten im Luftraum[6], es wird — so 1897 von mir selbst[7] — auf die Wichtigkeit der Luftschiffahrt für die Fragen des sogen. internationalen Privatrechts hingewiesen, und 1901 wird in dem deutschen Verein für Luftschiffahrt insbesondere auch über die Haftung des Luftschiffers auf Schadensersatz vorgetragen und verhandelt[8]. Die Gerechtigkeit erfordert es, sodann eines Mannes Erwähnung zu tun, dessen Verdienste um die Sache, wie es scheint, manchem Bearbeiter der Lehre unbekannt sind. Ein Advokat *Pappafava* in Zara in Dalmatien veröffentlichte im Jahre 1901 (wenigstens trägt die deutsche Uebersetzung diese Jahreszahl), wohl angeregt durch die Seeschiffahrtsverhältnisse seiner Heimat, eine Abhandlung[9] über die Frage, welches die räumlichen Grenzen des Wirkungsbereiches eines Notars seien, dabei kam er auch auf die notarielle Tätigkeit im Luftgebiet zu sprechen, und so hat sein Buch sachlich drei Abschnitte, die man dahin bezeichnen kann: der Notar auf dem festen Lande, der Notar auf dem Wasser und der Notar in der Luft. Viel, glaube ich, hat der Notar in der Luft bisher noch nicht zu tun gehabt; indes das Buch ist denkwürdig, weil hier zum ersten Mal eine solche einzelne und fernliegende Frage des Luftrechts aufgeworfen und weil ihre Beantwortung in methodisch verständnisvoller Weise durch Zurückführung auf die völkerrechtliche Grundlage der gesamten Lehre versucht ist.

Aber das Verdienst, dieser völkerrechtlichen Grundlage der Lehre und allen ihren Folgerungen, soweit sie wenigstens auf völkerrechtlichem Gebiet liegen, das allgemeine Interesse gewonnen und die Erörterungen darüber wissenschaftlich auf die Höhe gehoben zu haben, gebührt in dieser wie in mancher anderen Frage dem *Institut de droit international*[10]. Einer Anregung *Fauchille*'s in Paris folgend[11]) beauftragte es diesen Schriftsteller mit einem Bericht, und *Fauchille* veröffentlichte dann, nachdem er schon 1901 eine eindringliche Schrift unter dem Titel: „*Le domaine aérien et le régime juridique des aérostats*"[12]) herausgegeben hatte, im Jahre 1902 einen ausführlichen Entwurf von formulierten Bestimmungen über das öffentliche Luftrecht mit Begründung[13]); der Mitbericht wurde von *Nys* erstattet[14]). Zu einer Erörterung über jenen Entwurf ist es freilich nicht gekommen, wohl aber ist auf dem Genter Kongreß im Jahre 1906 bei Gelegenheit einer Besprechung der Rechtsfragen der drahtlosen Telegraphie über die Grundfrage des ganzen Luftrechts, über die Frage nach der Luftfreiheit, verhandelt und der Grundsatz der Luftfreiheit auch angenommen worden[15]).

Von 1907 an wächst die Literatur an Menge und Bedeutung; ich erwähne besonders die der Hauptsache nach völkerrechtlichen Arbeiten von *v. Grote*[16]) und *Schneeli*[17]) und die auch das Strafrecht mitberücksichtigenden von *Grünwald*[18]). Eine kurz zusammenfassende Arbeit über das gesamte Recht der Luftschiffahrt hat sodann als erster *Meili* 1908 gegeben[19]): mit der ihm eigenen raschen geistigen Beweglichkeit und dem energischen Spürsinn für die Fragen des modernen Verkehrsrechts umriß er scharf das ganze Gebiet möglicher Fragen. Unter denen, die seitdem die Lehre weiter gefördert haben, sind besonders *Meurer*[20]) und *Alex Meyer*[21]) zu nennen[22]).

Wir können uns also, insbesondere auch in Deutschland, des Geleisteten freuen. Aber wenn man kritisch die Literatur insgesamt betrachtet, so ist die Freude doch keine ganz reine: es fehlt, wie mir scheint, öfter an der rechten Methode der Arbeit.

Unliebsam bemerkbar macht sich zunächst bei nicht wenigen Schriftstellern eine Verwischung der Grenzlinie zwischen bestehendem und bloß gewünschtem Recht. Eine moderne Strömung der Jurisprudenz, welche am liebsten alle Schranken des geschriebenen Rechts für den Richter aus dem Wege räumen und ihn überall auf sein eigenes Ermessen verweisen möchte, begünstigt diese Verwischung, aber sie ist hier wie überall unheilvoll. Gewiß sollen Rechtswissenschaft und Rechtsanwendung immer zugleich im Rahmen des vorhandenen Rechts fortbildend wirken — näher kann ich davon hier nicht sprechen —, aber des Unterschiedes zwischen dem bereits vorhandenen Recht und dem, was man erst als Recht haben möchte, muß man sich doch klar bewußt bleiben. Es wundert den Nichtjuristen vielleicht, wenn ich hier in bezug auf Luftschiffahrt von schon vorhandenem Recht rede. Indes die Rechtsordnung — immer abgesehen natürlich von den Vorschriften über die mehr technischen und äußerlichen Einzelheiten der Verwaltung — besteht ja nicht darin, daß für alle Vorkommnisse und Tatsachen des wirklichen Lebens eine besondere rechtliche Regelung gegeben ist, sonst wäre unser Recht eine völlig unübersehbare und trotzdem immer unvollständige Masse, vielmehr muß aus allgemeinen Grundsätzen heraus die Entscheidung der einzelnen Tatbestände gefolgert werden, aus Grundsätzen, die in dieser Allgemeinheit entweder schon in das Gesetz selbst aufgenommen sind, oder die wir als dem Gesetz sachlich zugrunde liegend aus den gesetzlichen Einzelbestimmungen gewinnen. Das eben ist Juristenarbeit, diese Grundsätze zu erfassen und aus ihnen ein lebensvolles System von Einzelanwendungen zu entwickeln. So muß denn auch zunächst zugesehen werden, wieweit die Fragen des Luftrechts vom Boden des bestehenden Rechts aus befriedigend beantwortet werden können; zu wahren Lücken des Rechts, in dem Sinne, daß aus dem vorhandenen Recht heraus eine Entscheidung des Falles überhaupt nicht zu gewinnen ist, wird man dabei nicht kommen. Wohl aber kann sich ergeben, daß die mit den Mitteln der juristischen Logik gewonnene Entscheidung sachlich unbefriedigend bleibt, daß also der Eigenart des neuen Fragegebiets halber auch eine besondere Regelung nötig ist. Läßt sich dies aber nachweisen, dann darf der praktische Jurist nicht einfach ihm geeignet erscheinende Rechtssätze aus der Luft greifen — selbst für die Luftschiffahrt darf er das nicht! — und auf Grund von ihnen seine Entscheidung treffen, sondern dann muß die Gesetzgebung angerufen werden, damit sie ihres Amtes waltend neues Recht schaffe.

Damit komme ich sogleich auf einen zweiten Punkt, der mir rechtspolitisch äußerst wichtig zu sein scheint: jede Sondergesetzgebung ist ein Uebel, das man solange wie möglich vermeiden soll. Ich halte es geradezu für unheilvoll, wenn heute so mancher leichtherzig bei neu auftretenden Verhältnissen und Einrichtungen auch ein Sondergesetz fordert. Wie das Ueberhandnehmen der Sondergerichte gegenüber den allgemeinen Gerichten Uebelstände nach sich zieht, so ist in noch höherem Maße die überhandnehmende Sondergesetzgebung im materiellen Recht eine schwere Gefahr für unsere ganze Rechtsbildung. Nicht nur, daß die Rechtsordnung durch die vielen Sonderregelungen völlig unübersichtlich wird, sie verliert auch ganz notwendig in sich ihren Zusammenhang und ihre Uebereinstimmung: zufällige Erwägungen führen auf dem einen Gebiet zu einer Sonderregel, die auf dem anderen Gebiet ebensogut gelten könnte und doch trotzdem nicht gegeben wird. Um nur ein Beispiel anzuführen: man bedenke, wie völlig willkürlich, zufällig und in sich widerspruchsvoll heute noch die Frage der sogenannten Gefährdungshaftung, d. h. der Haftung für unverschuldeten Schaden, welcher durch an sich gefährdende Betriebe verursacht ist, in der Gesetzgebung behandelt wird. Alles Recht wirkt schließlich nur dadurch, daß das Bewußtsein seiner Gerechtigkeit fest wurzelt. Je mehr Sondergesetzgebung aber, desto mehr muß sich diese Gerechtigkeitsüberzeugung verlieren. Nein, es muß unser größtes Bestreben sein, möglichst aus allgemeinen Sätzen heraus die rechtlichen Entscheidungen zu finden. Dies gilt auch für die Luftschiffahrt: zu einer Sondergesetzgebung, welche Ausnahmebestimmungen für die Luftschiffahrt enthält, darf erst geschritten werden, wenn es gar nicht anders geht. Auch dieser Grundsatz wird nicht überall genügend beachtet.

Endlich: bei manchen Arbeiten tritt auffällig ein Mangel systematischer Ordnung der Fragen hervor. Es wird mit ganz beliebigen Einzelfragen begonnen, wie sie sich gerade dem praktischen Interesse darbieten, und es werden Entscheidungen dieser einzelnen Fragen gesucht und erörtert. In Wirklichkeit führen aber sehr viele Fragen auf eine einzige Grundfrage zurück: wenn man sich über diese Grundfrage nicht vorher geeinigt hat, ist es nutzlos, einzelnes überhaupt zu diskutieren. Und zwar ist dies die Frage, welchem Staat denn die Herrschaft über Luft und Luftschiff zukommt. Es handelt sich hier um eine Einrichtung, die, auch abgesehen von einem möglichen Luftkrieg, ihre Bedeutung nicht bloß innerhalb des einzelnen Staates haben soll und haben wird, sondern auch gerade zwischen den verschiedenen Staaten: sie soll dem Verkehr von Volk zu Volk dienen. Nimmt nun der einzelne Staat Gesetzgebungsmacht in bezug auf die Fragen der Luftschiffahrt in Anspruch und soll der Richter eines einzelnen Staates diese Fragen nach dem Recht seines Staats entscheiden, so muß völkerrechtlich anerkannt sein, daß gerade dieser Staat zur Gesetzgebung über diese Fragen zuständig ist, sonst sind Konflikte unausbleiblich. Zunächst also müssen wir zusehen, welchem Staat die völkerrechtlich anerkannte oder anzuerkennende Macht über Luftschiffe und Luftraum zusteht, oder anders ausgedrückt, welcher Staat Luftraum und Luftschiffe mit seiner Gesetzgebung beherrscht. Es liegt ja doch auf der Hand, daß wir keinen Schritt weiter tun können, ehe wir nicht wissen, welcher Staat es ist, dessen Rechtsordnung staatsrechtlich, verwaltungsrechtlich, strafrechtlich, prozeßrechtlich, privatrechtlich für die einzelnen Fragen maßgebend ist. Erst wenn wir hierüber Klarheit haben, können wir die weitere Frage erörtern, welche Entscheidungen nunmehr aus dem einzelnen innerstaatlichen Recht zu gewinnen sind oder welche Anforderungen man an die Gesetzgebung eines einzelnen Staates stellen soll.

Dieser Grundfrage über die Herrschaftsabgrenzung zwischen den einzelnen Staaten wende ich nunmehr mein Hauptaugenmerk zu. Dabei ist von vornherein vor einem Fehler zu warnen, der sich in manchen, namentlich älteren Arbeiten leider bemerkbar gemacht hat. Das ist die Verwechselung von Luft im Sinne des Luftstoffs und Luft im Sinne des Luftraums. Wie beide tatsächlich etwas ganz verschiedenes sind, so sind sie es auch ihrer rechtlichen Behandlung nach, und doch findet man öfter, daß aus der tatsächlichen Natur der einen auf die rechtliche Behandlung der anderen geschlossen wird; man gebraucht also bei der Schlußfolgerung das Wort Luft bald im einen, bald im anderen Sinn, was natürlich zu falschen Ergebnissen führt. Ich weise auf den entsprechenden Unterschied hin, der zwischen der strömenden Welle des Flusses und dem Flußraum gemacht werden muß. Um privatrechtlich zu sprechen: selbstverständlich gibt es volles Eigentum an einer ausgeschiedenen, in Behälter geschöpften Wassermenge, aber solange die Welle frei strömt, kann sie nicht Privateigentum eines einzelnen sein, weil sie, ihrer Natur nach von Ort zu Ort eilend und nicht individualisiert, nicht „Sache" im Rechtssinn, sondern nur Teil des gesamten Stoffes ist; höchstens kann ein einzelner das Vorrecht haben, Wasser aus diesem Fluß zu entnehmen und es dadurch dann zu Eigentum zu erwerben, aber vorher ist er nicht Eigentümer des Wassers: Eigentum an dem Fluß bedeutet immer nur Eigentum an dem Flußraum. Ebenso ist es mit der Luft: die freiströmende Luft als Stoff untersteht ihrer Natur nach der ausschließlichen Herrschaft eines einzelnen überhaupt nicht, sie ist jetzt hier und im nächsten Augenblick dort, auch sie ist nicht Sache im Rechtssinn, sondern eben nur Stoff. Von einer ausschließlichen rechtlichen Herrschaft kann, wenn überhaupt, nur bei dem Luftraum selbst die Rede sein, und zwar sowohl privatrechtlich wie öffentlichrechtlich.

Um die Herrschaftsabgrenzung in bezug auf den Luftraum und auf das im Luftraum befindliche Luftschiff zu erkennen, muß man sich zunächst auf die Frage der Herrschaftsabgrenzung der Staaten überhaupt besinnen. Die Staaten wollen sich in die Herrschaft dieser Welt teilen. Mögliche Gegenstände einer Herrschaft (in dem Sinne, in dem eben rechtlich von Herrschaft zu reden ist) können schließlich nur sein die Menschen mit ihren Handlungen, und die äußeren Dinge der Natur einschließlich der an und in ihnen wirkenden Kräfte, das heißt also die Erde selbst, auf der wir leben, und die einzelnen beweglichen Sachen. Wie geschieht nun in bezug auf diese drei Dinge — Personen, Gebiet, bewegliche Sachen — die Herrschaftsabgrenzung der Staaten?

Die erste Herrschaftsabgrenzung zwischen den Staaten bezieht sich auf die Personen: jeder Staat hat über einen bestimmten Kreis von Personen staatliche Gewalt, die sogenannte Personalhoheit. Diese Abgrenzung beruht nicht auf einer völkerrechtlichen Vereinbarung zwischen den Staaten oder auf der Anerkennung völkerrechtlicher Grundsätze über die Personenherrschaft, jeder Staat grenzt sich seinen Herrschaftsbereich vielmehr aus eigener Machtvollkommenheit und selbständig ab, er nimmt die Herrschaft über einen bestimmten Personenkreis in Anspruch, und nur tatsächlich stimmen die wichtigsten Grundsätze, die die einzelnen Staaten in dieser Beziehung befolgen, miteinander überein. Will man diese Grundsätze als Völkerrecht ansprechen, so bedeutet dann „Völkerrecht" doch nichts anderes als das, was es freilich häufig genug bedeutet: tatsächlich übereinstimmendes staatliches Recht der einzelnen Kulturstaaten. Es ist, beiläufig gesagt, eine der wichtigsten Sorgen der Zukunft, die in dieser Beziehung zwischen den Staaten noch immer bestehenden Ungleichheiten durch völkerrechtliche Vereinbarungen zu beseitigen. Solcher Ungleichheiten gibt es leider noch eine ganze Menge, aber sie treffen doch nur eine verhältnismäßig sehr geringe Zahl von Personen; im wesentlichen und für unseren Zweck darf man sagen: die Menschen sind zwischen den Staaten, was die Herrschaft angeht, verteilt.

Sodann handelt es sich um die Verteilung der Herrschaft über das Gebiet — man spricht hier von der Gebietshoheit des Staates. Diese staatliche Hoheit hat, wie ich für den Nichtjuristen bemerke, natürlich nichts mit dem Privateigentum zu tun; das ganze deutsche Gebiet steht unter der Hoheit des Deutschen Reiches, und doch stehen die einzelnen Grundstücke im Privateigentum verschiedener Personen, und diese Personen können auch Ausländer sein, so kann beispielsweise ein Franzose ein Grundstück in Deutschland zu Privateigentum haben; auch dem Deutschen Reiche selbst kann Privateigentum an einem Grundstück zustehen: liegt dieses Grundstück in Deutschland, so hat das Reich zugleich Gebietshoheit und Privateigentum, liegt es in Frankreich, so hat das Deutsche Reich das Privateigentum und Frankreich die Gebietshoheit. Gebietshoheit des Staates und Privateigentum sind eben Rechtsinhalte, die einer verschiedenen Sphäre zugehören. Irreführend ist es daher, wenn manche Juristen statt von Staatshoheit von Staatseigentum sprechen, man muß beide Dinge völlig scharf auseinander halten.

Es ist hier nicht meine Aufgabe, zu zeigen, welchen Inhalt die Gebietshoheit hat, wie sie zugleich Hoheit über das Gebiet und auf dem Gebiet ist, und ebensowenig zu entwickeln, wie sich nun Personalhoheit und Gebietshoheit zueinander verhalten. Man bedenke, daß kraft der Personalhoheit Deutschland über den Deutschen, auch wenn er sich im Auslande befindet, Herrschaft hat, daß dieser Deutsche aber zugleich, weil er sich auf fremdem Gebiet aufhält, der Gebietshoheit des Aufenthaltsstaates untersteht. Das ist das überaus fesselnde Hauptproblem in der Herrschaftsabgrenzung der Staaten: zu entscheiden, inwieweit nun die Personalhoheit und inwieweit die Gebietshoheit vorgehen soll. Aber, wie gesagt, hiervon habe ich hier nicht zu reden. Ich habe nur zu zeigen: was heißt denn Gebiet?

„Gebiet" ist zunächst das Landgebiet. Die Herrschaftsabgrenzung der Staaten über das Landgebiet ist historisch gegeben und von den Staaten im Verhältnis zueinander anerkannt; auch die Frage, wie heute noch die Gebietshoheit eines Staates sich räumlich mehren oder mindern kann, ist nach völkerrechtlichen Grundsätzen zu entscheiden; zu bemerken ist nur, daß es neben dem unter staatlicher Hoheit stehenden Land auch staatloses Land gibt, solches also, das, wie z. B. die Bäreninsel im Polarmeer, zwar unter staatlicher Herrschaft stehen könnte, aber tatsächlich und einstweilen nicht steht.

Gebiet kann sodann auch Wassergebiet sein. Hier unterscheidet man Binnengewässer, Küstengewässer und die offene See. Seit *Hugo Grotius* sein berühmtes Wort: „Das Meer ist frei!" in die Welt hineinrief, hat sich der Satz, daß die offene

See von jeder Staatshoheit frei ist und rechtsnotwendig frei bleiben muß, überall durchgesetzt. Ebenso sicher ist, daß die Binnengewässer, also die Binnenseen und Flüsse, die Häfen und Buchten die Rechtslage des Landgebiets teilen, dem sie räumlich zugehören, daß sie also insbesondere der gewöhnlichen Gebietshoheit des Staates, in dessen Landgebiet sie einschneiden, unterliegen. Bezüglich der Küstengewässer herrscht ein noch nicht völlig entschiedener Streit, einmal darüber, bis zu welcher Entfernung die Küstengewässer reichen, welches also die Grenze zwischen Küstengewässern und offener See ist, sodann darüber, ob der Uferstaat an ihnen dasselbe Hoheitsrecht wie an Binnengewässern hat, oder ob ihm nur ein gemindertes Recht, eine Art von Schutzrecht oder wie man es sonst bezeichnen will, zusteht. Auch diese Fragen übergehe ich hier und bemerke nur: ich persönlich stelle mich auf den Standpunkt, daß zwischen Binnengewässern und Küstengewässern rechtlich nicht zu unterscheiden, sondern die volle Gebietshoheit des Staates auch an Küstengewässern anzuerkennen ist.

Es fragt sich endlich, welches die Herrschaftsabgrenzung der Staaten in bezug auf die beweglichen Sachen ist. Im allgemeinen gilt heute noch der Satz, daß es eine eigene und unmittelbare Herrschaftsabgrenzung hier nicht gibt; soweit man vielmehr überhaupt von einer staatlichen Hoheit über bewegliche Sachen reden will — und meines Erachtens muß man das tun —, wird diese als Ausfluß der Gebietshoheit angesehen: der Staat hat, weil er die Hoheit über sein Gebiet besitzt, auch die Hoheit über diejenigen beweglichen Sachen, die sich zurzeit auf diesem Gebiete befinden, oder von der anderen Seite ausgedrückt: die beweglichen Sachen unterliegen der Hoheit desjenigen Staates, auf dessen Gebiet sie sich gerade befinden. Man spricht wohl davon, daß „österreichische Eisenbahnwagen" auf deutschen Schienen laufen, daß ein „französisches Automobil" nach Deutschland gekommen sei, aber das bezeichnet keine völkerrechtliche Hoheit des Ursprungsstaates. Der Eisenbahnwagen oder der Kraftwagen kommt in dem Augenblicke, in dem er die Grenze überschreitet, unter die Hoheit des Staates, auf dessen Gebiet er gelangt, und bleibt darunter solange, bis er dieses Gebiet wieder verläßt. Es scheint zwar, als sei heute eine gewisse Neigung im Wachsen, auch in bezug auf die beweglichen Sachen zur Bildung einer neuen selbständigen Hoheitsverteilung vorzuschreiten und auch beweglichen Sachen, wie z. B. gerade den Eisenbahnwagen, eine „Heimat" im Rechtssinne, so wie Menschen eine „Heimat" haben, zuzuschreiben: das wäre ja sehr wohl möglich, die Wege der Zukunft sind hier frei; aber ich glaube nicht, daß solche Rechtsbildung sich in weitem Maße empfehlen läßt. Personen und Gebiet spielen für den Staat eine ganz andere Rolle, als die beweglichen Sachen. Personen und Gebiet sind nicht bloß Gegenstand der staatlichen Herrschaft, sondern sie bilden den Staat, in dem Sinne, daß dieser Staat durch sie seine Individualität hat. Deutschland kann nicht ohne das deutsche Volk sein, und Deutschland kann nicht ohne das jetzige deutsche Gebiet sein: mit anderem Volk oder auf anderem Gebiet wäre es eben ein anderer Staat. Das bewegliche Hab und Gut hingegen ist etwas Zufälliges, es bildet kein Wesensmoment unseres Staates, wie wir es denn auch beliebig zu vertauschen pflegen. Die Menschen sind es, die die Seele Deutschlands schaffen, das Gebiet ist es, das seinen Körper bildet; aus der unlöslichen Zugehörigkeit zu diesem Menschentum, aus der natürlichen Verbundenheit mit diesem Boden schöpfen wir unsere stärksten Kräfte, aus ihr entsteht jenes tiefe Volks- und Heimatsgefühl, die Liebe zum Vaterland, in der schließlich die letzte Quelle aller Stärke und Macht des Staates liegt. Und darum sind auch für die rechtliche Auffassung des Staates Personen und Gebiet anders zu werten als der bewegliche Besitz.

Nur in einer Beziehung allerdings ist die Rechtsbildung weitergegangen, und das ist in bezug auf die Seeschiffe. Hier sind zwei Sätze anerkannt. Der eine Satz lautet: ein Seeschiff auf offener See untersteht immer noch der Herrschaft des Staates, dessen Flagge es führt; erst in dem Augenblick, wo es in fremde Küsten- oder Binnengewässer eintritt (ich glaube allerdings die Einschränkung machen zu müssen, daß es nicht bloß ohne anzuhalten durchfährt), kommt es unter die Gebietshoheit des Staates, in dessen Herrschaft diese Gewässer sich befinden. Und zwar behält der Heimatstaat die Herrschaftsgewalt nicht bloß über das in der offenen See schwimmende Schiff, sondern er behält sie auch auf dem Schiff, d. h. über die auf dem Schiff befindlichen Personen und Sachen, in demselben Sinne und Maße, in dem er sie auf seinem eigenen Landgebiet hat, er übt also die Gebietshoheit auf dem Schiff aus; man drückt das — übrigens nicht ganz einwandfrei — dahin aus: das Schiff in See sei ein schwimmendes Stück seines Heimatlandes. Alles also, was auf hoher See auf einem deutschen Schiffe sich ereignet, ereignet sich auf deutschem Gebiet. Das ist ein poesievoller und äußerst wichtiger Gedanke. Und zweitens: Kriegsschiffe bleiben, selbst wenn sie in fremden Häfen sind, immer in jenem Sinne schwimmende Stücke ihres Heimatlandes. Wiederum also: alles, was auf dem Kriegsschiffe geschieht, geschieht, wo sich das Kriegsschiff auch befinden mag, im Heimatlande.

Dies ist die gegenwärtige, völkerrechtlich auch im wesentlichen anerkannte Herrschaftsabgrenzung der Staaten. Wie steht es nun mit der Herrschaft über Luftraum und Luftschiff? In bezug auf die Personenhoheit ist selbstverständlich nichts geändert: Deutschland behält die Hoheit über Deutsche, mögen sie gehen, schwimmen oder fliegen — von dem Erwerb der Personalhoheit über in einem Luftschiff Geborene wird nachher noch die Rede sein. In Frage kommt aber die Gebietshoheit, und hier treffen wir nun den eigentlichen Mittelpunkt der Lehre. Im wesentlichen sind zwei Theorien aufgestellt: die Theorie der Luftfreiheit und die Theorie der Lufthoheit — man kann sie auch nennen: die Horizontalteilungs-Theorie und die Vertikalteilungs-Theorie. Ueber sie wird auf das lebhafteste gestritten.

Die Behauptung, daß die Luft — immer im Sinne von Luftraum genommen — vollkommen und unbeschränkt frei sei, wird kaum noch vertreten. Sie ist ja auch praktisch unmöglich, ja man darf sagen, begrifflich undenkbar; es liegt ihr wohl ein großes Mißverständnis zugrunde. Ich wende meinen Blick einen Augenblick auf das Privatrecht. Man spricht vom Privateigentum an Grundstücken — was ist dabei mit „Grundstück" gemeint? Ist es nur die Fläche, ein zwei-dimensionaler

Raum? Das ist unmöglich; so betrachtet, würde das Eigentum überhaupt nicht ausgeübt werden können, weil der Mensch ja ein drei-dimensionales Wesen ist. Das heißt also: das Eigentum an Grund und Boden bedeutet immer zugleich ein Recht auch an der Luftraumschicht über dem Boden — sonst wäre es praktisch überhaupt gar nichts. Ebenso nun auch die staatliche Hoheit am Landgebiet: auch sie muß irgendwelche Rechte des Staats an dem über dem Lande befindlichen Luftraum einschließen; und nicht anders verhält es sich mit der staatlichen Hoheit am Wassergebiet.

Dies gesteht denn auch die Luftfreiheitstheorie allgemein zu; aber sie erkennt diese Rechte doch nur in einer zweifachen Beschränkung an, einer sachlichen und einer räumlichen. Indem ich mich anschicke, diese Beschränkungen genauer anzugeben, bemerke ich voraus: begreiflich ist diese ganze Luftfreiheits-Theorie, so wie sie heute vertreten wird, nur, wenn man bedenkt, einmal, daß sie nichts ist, als eine Mäßigung des ursprünglichen Gedankens völliger Luftfreiheit, von dem sie ausgegangen ist — deutlich ist dies z. B. in *Fauchille*'s Arbeiten —, und zweitens, daß ihr treibender Gedanke der einer Analogie der Luft mit dem Meer ist.

Die sachliche Einschränkung geht dahin: das Recht, welches dem Staat an dem Luftgebiet, über dessen räumliche Begrenzung sofort noch gesprochen werden wird, zustehe, sei nicht die volle Staatshoheit, sondern etwas minderes. Man redet wohl von bloßer Interessensphäre, *zone de protection ou d'isolement*, von einem *droit de conservation*, von einer beschränkten oder geminderten Souveränetät. Was aber ist mit solchen Bezeichnungen gewonnen? Sie sind ja nichts anderes, als neue Namen, die wertlos bleiben, weil sie keinen wirklich scharfen Begriff decken. Wird ein solcher Begriff nachher verwendet, so ist doch nichts mit Sicherheit aus ihm zu folgern, er erfüllt also den Zweck nicht, den man mit ihm erreichen möchte. Ich stelle mich darum mit Entschiedenheit auf den Standpunkt, daß es genügt, zu unterscheiden: entweder Hoheit des Staates, aber dann auch wahre Hoheit, oder völlige Freiheit. Ein Zwischending gibt es nicht.

Und nun die räumliche Einschränkung. Man hat nur die höhere Luftschicht für wirklich frei erklärt, die niedere Luftschicht aber jener beschränkten Hoheit des Staates unterworfen. Man hat also, wie man beim Wasser zwischen Binnengewässern, Küstengewässern und freier See unterschied, so auch hier je nach der Nähe zum Lande Schichten des Luftraums, natürlich hier horizontale Schichten, unterschieden. Folgerichtig hätte man von Binnenluft, d. h. der Luft innerhalb umschlossener Räume oder auch z. B. zwischen zwei Felswänden, von Küstenluft, d. h. der zunächst dem Boden befindlichen Luftschicht, und von dem freien Luftmeer reden müssen. Gewöhnlich wird aber, ebenso wie ich es auch beim Wasser für richtig halte, nur die nähere und die fernere Schicht unterschieden, ohne daß man bei der näheren Schicht noch einen Unterschied zwischen Binnenluft- und Küstenluftgebiet macht. Fast belustigend wirkt eine Uebersicht über die Versuche, eine Abgrenzung zwischen dem freien und dem unter Staatshoheit stehenden Luftgebiet zu gewinnen. *Neubauer*[23]) setzte die Grenze auf 50 m, *von Bar* (1907) auf 50 bis 60 m, *Rolland* (weil der Eiffelturm, das höchste Bauwerk der Welt, 330 m hoch ist) auf 330 m, *von Holtzendorff* auf 1000 m, *von Bar* (früher) auf 1000—1500 m, *Fauchille* auf 1500 m, weil dies die Entfernung sei, in der noch wirksam photographiert werden könne, noch wieder andere nehmen von einer ziffermäßigen Grenze Abstand und wollen die Schußweite und dergleichen gelten lassen[24]). Dabei bleibt nur überaus zweifelhaft, von wo aus denn die Höhe gerechnet werden muß: vom tiefsten oder vom höchsten Punkt des Landes — dies letztere wollte einst *von Holtzendorff*, die Schweiz mit ihrem Mont Blanc käme dann sehr viel besser fort, als z. B. Dänemark —, oder etwa für jeden Punkt gesondert, so daß das Luftgebiet ein vergrößertes Relief des Landgebietes wäre?

Aber das alles ist ja gar nicht zu entscheiden, da es völlig willkürlich ist: der Theorie mangelt jede Festigkeit. Und nicht nur das: sie ist auch durchaus unpraktikabel, man braucht ja nur daran zu denken, daß die Luftschiffe gezwungen sind, beständig ihre Höhe zu wechseln. Das Luftschiff kommt also fortwährend aus dem Hoheitsgebiet in das freie Gebiet und aus

dem freien Gebiet wieder in das Hoheitsgebiet — keine sehr
angenehme Lage für den Luftschiffer, besonders wenn er etwas
zu juristischen Skrupeln neigt, und ebenso für alle Dritten, die
irgendwie rechtlich mit dem Luftschiff etwas zu tun haben: wo
ein Luftschiff in dem gegebenen Augenblick gewesen ist, das
wäre ja kaum festzustellen. Doch auch hiervon abgesehen: die
ganze Theorie ist juristisch unbegründbar, sie steht rein in der
Luft. Denn welches sind die Gründe, die für diese Theorie
vorgebracht werden? Soviel ich sehe, finden sich nur zwei:
ein negativer und ein positiver Grund. Der negative Grund
ist der, es gebe für die höhere Luftschicht keine wirkliche
Souveränetät, weil keine tatsächliche dauernde Beherrschung
möglich sei. Aber der Satz, aus dem gefolgert wird, daß
nämlich Souveränetät nur bei tatsächlicher Beherrschung denkbar
sei, existiert nicht. Mit Recht hat man darauf aufmerksam gemacht, wie viele Gebirgsgipfel sich der dauernden faktischen
Beherrschung des Staates vollkommen entziehen. Zudem würden
diese Argumente ja auch dahin führen müssen, den ganzen
Luftraum für frei zu erklären, soweit er nicht durch Bauten
oder Pflanzen wirklich eingenommen ist — aber dann ist er ja
kein Luftraum mehr —, und das will doch niemand. Also
dieser Grund schlägt nicht durch. Und positiv wird nichts
weiter angeführt, als die Analogie der See. Indes diese Analogie
paßt nicht. Die Bedeutung der Luft für das unterliegende Land
ist eine ganz andere, als die der See für das angrenzende.
Schon vorher sagte ich: das Land kann ohne Luft überhaupt
nicht als Objekt irgendeiner Herrschaft gedacht werden, einer
privaten sowenig wie einer staatlichen, wohl aber kann ein
Land ohne Seegebiet sein. Man denke doch nur an die Binnen-
länder, wie die Schweiz oder Serbien. Zudem, je weiter ein
Schiff sich von der Küste entfernt, desto weniger kann es noch
eine Einwirkung auf das Land ausüben, desto weniger kann es
ihm also auch Gefahren bringen. Insbesondere hört ja die
Möglichkeit der Beschießung des Landes und der Spionage in
einer gewissen Entfernung auf. Anders aber im Luftraum.
Bei den Höhen, um die es sich hier praktisch handelt, wird im
Gegenteil das Luftschiff, je höher es steigt, desto gefährlicher,

weil die Fallwirkung nach dem Gesetz der Schwere immer größer wird, und weil sich die Möglichkeit der Spionage durch das mit der größeren Höhe wachsende Gesichtsfeld ebenfalls, wenigstens in gewissem Sinne und in gewissen Grenzen, verstärkt. Darum war denn *Grotius*' Grundsatz von der Freiheit des Meeres für den friedlichen Verkehr und den Krieg ein ungeheurer Fortschritt, ja man darf sagen, praktisch eine Notwendigkeit, er hatte nur Vorteile, gar keine Nachteile. Der Grundsatz von der Freiheit der Luft hingegen würde bei jedem Versuche wirklicher Durchführung das schlimmste Unheil heraufbeschwören.

Nein, möglich ist nur die vertikale Teilung, d. h. das Luftgebiet ist völlig unter der gleichen rechtlichen Herrschaft, wie das Land- oder Wassergebiet, über dem es sich erhebt. Jeder Staat hat an dem Luftraum über seinem Land- oder Wassergebiet vollkommene staatliche Hoheit bis in jede beliebige Höhe hinauf; frei ist die Luft nur über staatslosem Land und über dem offenen Meer. Man darf nicht versuchen, diesen Gedanken dadurch ins Lächerliche zu ziehen, daß man sagt, also reiche die Hoheit des Staates bis in die Sterne hinauf, ins Unendliche hinein. Der Jurist kümmert sich nur um Dinge, die praktische Bedeutung haben können; soweit menschliche Betätigung in der Luft garnicht möglich ist, haben wir keinen Anlaß, die Herrschaftsfrage überhaupt zu stellen und zu beantworten; soweit sie aber, jetzt oder in der Zukunft, erfolgen kann, gleichgültig in welcher Höhe, müssen wir auch die Herrschaft des Staats als vorhanden anerkennen. **Es ist im höchsten Grade zu wünschen, daß bei den künftigen völkerrechtlichen Verhandlungen das Deutsche Reich sich mit voller Entschiedenheit auf diesen Standpunkt stelle**, den einzigen, der ihm erlaubt, Herr im eigenen Hause zu bleiben und nach eigenem Gutdünken für die eigene Sicherheit zu sorgen.

Diese Theorie von der vollen Lufthoheit des Staats ist aber nicht bloß ein Wunsch und ein Vorschlag, wie es künftig am besten gehalten werde, sondern ihr Inhalt läßt sich als bereits gegenwärtiges Recht nachweisen, weil er aus anerkannten Rechtssätzen in juristisch genügender Weise gefolgert werden kann. Allerdings wiederum nicht aus allgemein anerkannten völkerrechtlichen Sätzen, er ist darum auch selbst kein Völkerrecht im strengen Sinne des Worts, wohl aber läßt er sich als ein Recht der einzelnen Staaten, das sie selbst behaupten, nachweisen. Ich halte es für einen der wichtigsten Gedankenfortschritte im Gebiete des gesamten Rechts, daß wir heute erkannt haben: alles Privatrecht wird immer nur von der Rechtsordnung eines Staates verliehen; indem der Staat also ein Privatrecht verleiht, muß er notwendig auch die Staatshoheit über denjenigen Gegenstand, an dem er das Privatrecht verleiht, sich zusprechen; beispielsweise könnte es der deutschen Gesetzgebung nie einfallen, über den Erwerb des Eigentums an französischen Grundstücken etwas zu bestimmen: das wäre sinnlos, denn die französischen Grundstücke stehen nicht unter deutscher Hoheit, mithin kann die deutsche Gesetzgebung sich auf sie gar nicht erstrecken. Und daraus nun der Rückschluß: wenn also die Rechtsordnung eines Staates irgendwo Rechte verleiht, so muß auch der Staat selbst die entsprechende staatliche Hoheit in Anspruch nehmen. Nun sagt unser deutsches BGB § 905: „Das Recht des Eigentümers eines Grundstücks erstreckt sich auf den Raum über der Oberfläche und auf den Erdkörper unter der Oberfläche" (es wird zwar hinzugesetzt: „Der Eigentümer kann Einwirkungen nicht verbieten, die in solcher Höhe oder Tiefe vorgenommen werden, daß er an der Ausschließung kein Interesse hat", aber dies zeigt sich nur als eine aus anderen Gründen gerechtfertigte Einschränkung der prinzipiellen Vollherrschaft); ebenso hat das österreichische BGB § 297 diesen Satz: es „gehören zu den unbeweglichen Sachen diejenigen, welche auf Grund und Boden ... aufgeführt werden, als: Häuser und andere Gebäude, mit dem in senkrechter Linie darüber befindlichen Luftraume", und der Code Civil § 552 sagt in seiner wundervollen Kürze: „La propriété du sol emporte la propriété du dessus et du dessous". Ueberall vergibt hier also der Staat Privatrechte an dem Luftraum. Daraus folgt, und wie mir scheint, mit voller Sicherheit: jeder Staat, der einen solchen Rechtssatz über das Privateigentum besitzt — und es sind noch mehrere als die angeführten —, nimmt auch selbst die staatliche Hoheit über den Luftraum in Anspruch.

Fraglich würde bei alledem bloß bleiben, ob die Herrschaftsabgrenzung der Staaten in bezug auf bewegliche Sachen, die ich früher für die Seeschiffe erwähnt habe, in analoger Weise auch bei den Luftschiffen durchzuführen wäre, derart also, daß auch den Luftschiffen Flaggenrecht verliehen und ein Heimathafen bestimmt würde. Die Folge wäre dann, daß die Privatluftschiffe, wenn sie sich über staatlosem Gebiet oder dem freien Meer befinden, als fliegende Teile ihres Heimatlandes gälten, und daß die Kriegsluftschiffe, gleichgültig, wo sie sich befinden, die Eigenschaft, als Teile deutschen Gebietes zu gelten, beibehielten. Wir hätten dann nicht nur ruhendes und schwimmendes, sondern auch fliegendes Deutsches Reich. Diese Rechtsbildung bereitet sich ganz ersichtlich schon vor, und sie ist meines Erachtens auch ganz unerläßlich. Hier allerdings müßte zunächst die staatliche Gesetzgebung durch ein Gesetz über die Nationalität der Luftschiffe eingreifen, die völkerrechtliche Anerkennung würde dann wohl von selbst folgen. Der Vollständigkeit halber bemerke ich hier übrigens noch: der Ausdruck, Seeschiff und Luftschiff seien als Teile des Heimatgebiets anzusehen, ist nicht völlig genau. Denn wie sich die Gebietshoheit des Heimatstaats nur auf das Seeschiff selbst, nicht aber auch auf den Wasserraum unter dem Schiff und den Luftraum über dem Schiff erstreckt, so kann auch die Gebietshoheit des Heimatstaats über das Luftschiff nur dieses selbst und nicht auch den Luftraum über und unter dem Luftschiff ergreifen. —

Und nunmehr die Folgerungen aus dieser Herrschaftsabgrenzung — ich muß sie wenigstens andeuten. Dabei gestatte ich mir, die Zukunft insofern vorweg zu nehmen, als ich jene Nationalisierung der Luftschiffe, die in der Bildung begriffen ist, als schon bestehendes Recht behandle.

Die Folgerungen für das Völkerrecht und Staatsrecht sind, wie man sofort sieht, ganz außerordentlich wichtig. Jeder Staat hat im Frieden wie im Krieg die Rechte und Pflichten in seinem Luftgebiet, gerade so wie er sie in seinem Landgebiet hat.

Im Kriege. Man denke hier nur an die Frage, wieweit das Luftgebiet neutral ist. Nach der hier vertretenen Meinung würde das ganze Luftgebiet über dem neutralen Staat selbst neutral sein: die kriegführenden Staaten dürfen ihren Luftkrieg völkerrechtlich nur über hoher See, über staatlosem Gebiet oder über ihrem eigenen Gebiet ausfechten. Jeder andere Satz ist ja auch praktisch unannehmbar: es wäre eine schöne Lage für die Neutralen, wenn sie sich in einem künftigen Luftkrieg die fallenden Geschosse und stürzenden Trümmer der Luftschiffe auf die Köpfe regnen lassen müßten! Ich übergehe eine große Reihe weiterer Folgerungen, die sich aus jenem Grundgedanken für das Kriegsrecht ergeben; es liegt kein Bedürfnis vor, sie näher auszuführen, da vor wenigen Tagen *Alex Meyer* in einer sorgfältigen Untersuchung die kriegsrechtlichen Verhältnisse der Luft näher untersucht hat; daß er dem Staat theoretisch nur eine „beschränkte Gebietshoheit" über das zu seinem Lande gehörige Luftgebiet zuerkennt, macht gerade im Kriegsrecht kaum etwas aus. Erwähnt sei nur, daß auch für die Anwendung der Rechtssätze über Spionage der Grundsatz gelten muß: der Luftweg ist rechtlich gleich dem Weg über das unterliegende Land; Fürst Bismarck hielt sich also, wie *Alex Meyer* richtig nachweist, mit jener Drohung im Kriege 1870/71 streng in den Grenzen des Völkerrechts[25].

Und im Frieden. Jeder Staat hat allein die volle Gesetzgebungsmacht innerhalb seines Luftgebietes. Wie er die volle Gewalt in bezug auf Zollverhältnisse besitzt, wie er die Sanitätspolizei auszuüben hat, wie er das Straßenrecht zu bestimmen und Konzessionen zur Luftschiffahrt zu erteilen hat, so hat auch er allein zu bestimmen, wieweit fremde Luftschiffe überhaupt in sein Luftgebiet eindringen dürfen. Ich bitte, nicht zu erschrecken, dies klingt für die Luftschiffahrt schlimmer als es ist. Tatsächlich wird durch diesen Grundsatz der uneingeschränkten Lufthoheit des Staates an der faktischen Freiheit des Luftverkehrs gar nichts geändert werden. Nicht die Jurisprudenz, nicht das Völkerrecht bringt diese Freiheit hervor, sondern der Zwang der Verhältnisse, da es im größten Interesse des Staates selbst ist, auch den Luftverkehr nicht zu hindern, sondern zu befördern. Ich weiß wohl, man spricht auch für das Landgebiet von einem Recht auf Verkehr und für das Wassergebiet von einem engeren *droit de passage,* aber man sollte doch endlich aufhören, das tatsächliche Verhalten der Staaten überall als den Ausdruck völkerrechtlicher Rechte und Pflichten hinzustellen. Die politische Wissenschaft hat die Aufgabe, dieses tatsächliche Verhalten der Staaten zu beschreiben und seine Beweggründe zu erkennen, aber sie muß sich hüten, hier allzu rasch völkerrechtliche Konstruktionen zu Hilfe zu rufen, aus denen nachher praktische Folgerungen zu ziehen wären, die mit der Wirklichkeit nicht mehr übereinstimmen. Insbesondere erkennen wir ja doch durchaus an, daß jeder Staat befugt ist, ausländische Personen als lästig aus seinem Gebiet auszuweisen, also auch — dies folgt notwendig daraus — ihnen den Eintritt in das Staatsgebiet zu verwehren. Demnach muß der Staat auch berechtigt sein, fremden Luftschiffen den Eintritt zu verbieten. Er könnte dasselbe auch bei fremden Eisenbahnwagen und fremden Kraftfahrzeugen tun, aber er tut alles das selbstverständlich nur im letzten Notfalle. Denn er muß sich hüten, Akte zu begehen, welche auf der einen Seite unfreundliche Handlungen gegen die Nachbarstaaten darstellen und auf der anderen Seite ihn selber schließlich am schlimmsten schädigen würden.

Tatsächlich verfuhren denn auch die Staaten bisher schon nach diesem Gesichtspunkt, soweit sie sich überhaupt mit der Sache bereits beschäftigten. Es wird berichtet, daß ein Ministerialausschuß in Frankreich bereits eine Wegeordnung für Luftschiffe ausgearbeitet hat, mit Bestimmung der zu führenden Lichter, der Ausweichrichtung, des Höhenabstandes beim Ueberfliegen usw. Also Frankreich geht ohne Rücksicht auf die gerade in Frankreich so lebhaft verteidigte Lehre von der Luftfreiheit für das französische Luftgebiet einfach mit selbstherrlicher Gesetzgebung vor.

Aus der Erkenntnis, welches die räumlichen Grenzen der einzelnen Staatsherrschaft für das Luftgebiet sind, ergibt sich auch von selbst die Antwort auf die vorher aufgeworfenen Fragen, welcher Standesbeamte [26] und welcher

Notar gegebenen Falles tätig zu sein habe, sowie ob ein in einem Luftschiff geborenes Kind im Inland oder Ausland geboren sei: diese letztere Frage würde besonders deshalb wichtig sein, weil es nach der Gesetzgebung verschiedener Länder — nach der des Deutschen Reiches übrigens nicht — auf die Bestimmung der Staatsangehörigkeit Einfluß hat, in welchem Staatsgebiet ein Kind geboren ist. Die Antwort hängt immer davon ab, in welchem Luftgebiet das Luftschiff sich befindet oder zur entscheidenden Zeit befunden hat. Ebenso klar und sicher sind die Folgerungen für das Strafrecht. Man nehme den anfänglich berichteten Fall: wenn jene Beleidigung des Kaisers in dem ausländischen Luftschiff ausgestoßen wurde, während das Luftschiff sich in deutschem Luftgebiet befand, so ist die Tat in Deutschland geschehen, kann also in Deutschland bestraft werden. In gleicher Weise entscheiden sich auch die Fragen nach dem Gerichtsstand im Strafprozeß oder Zivilprozeß, soweit dieser Gerichtsstand durch den Ort der Tat bestimmt wird. Es ist überflüssig, dies weiter auszumalen, alles versteht sich hier von selbst. Nur auf die Fragen des internationalen Privatrechts will ich noch kurz hinweisen. Ob jenes Testament gültig ist, von dem ich im Beispiel gesprochen habe, das wird davon abhängen, welchem Staat das Luftgebiet zugehörte, in dem sich das Luftschiff zur Zeit der Testamentserrichtung befand; denn wir besitzen den Grundsatz, daß jedes Rechtsgeschäft formgültig ist, wenn es den Formvorschriften entspricht, die in dem Gebiet gelten, in dem es errichtet ist. Und wenn Schadensersatz wegen einer in einem Luftschiff begangenen Körperverletzung gefordert wird, so ist die Schadensersatzfrage nach dem Recht desjenigen Staates zu beurteilen, in dessen Luftgebiet sich das Schiff zur Zeit der Tat befunden hat, weil der Grundsatz gilt, daß über den Anspruch auf Schadensersatz wegen einer rechtswidrigen Verletzung das Recht des Orts der begangenen Tat ohne Rücksicht auf die Nationalität des Täters entscheidet. Ebenso bestimmt es sich bei einem Vertrage, der in einem Luftschiff zu erfüllen ist, welches Recht als Recht des Erfüllungsortes anzusehen ist. In allen diesen Fällen aber würde, sobald wir erst eine Nationalisierung der Luftschiffe haben, hinzuzunehmen sein, daß das Luftschiff, solange es sich über der offenen See oder staatlosem Gebiet befindet, als in dem Gebiet des Staats befindlich betrachtet wird, dessen Flagge es führt.

Man sieht: aus der Abgrenzung der Herrschaftsmacht der einzelnen Staaten in bezug auf Luft und Luftschiffe folgt mit Notwendigkeit auch, welcher Staat Gesetzgebungsmacht hat, wieweit also der einzelne Staat berufen ist, die Fragen der Luftschiffahrt durch seine Gesetzgebung zu regeln, und wieweit das schon bestehende Recht eines einzelnen Staates in Dingen der Luftschiffahrt zur Entscheidung heranzuziehen ist. Alle Fragen, die nunmehr noch bleiben, sind lediglich Fragen in bezug auf das innerstaatliche Recht des einzelnen Staates: welche Entscheidungen ergeben sich aus dem schon bestehenden Recht, und wie soll dieses Recht künftig ausgestaltet werden?

Und hier mache ich nun gerade von dem Gesichtspunkte Gebrauch, auf den ich vorher bereits hingewiesen habe: man soll sich solange wie irgend möglich hüten, den Weg der Sondergesetzgebung zu beschreiten, und ich füge hinzu: man wird im wesentlichen ohne Sondergesetzgebung auskommen. Das bezieht sich freilich nicht auf das Verwaltungs- und Polizeirecht; hier erwachsen vielmehr den einzelnen Staaten, die ja, wie gesagt jeder für sein Gebiet allein über den Betrieb der Luftschiffahrt zu bestimmen haben, wichtige und umfangreiche gesetzgeberische Aufgaben, Aufgaben übrigens, die sie, der Natur des Gegenstandes nach, möglichst in Fühlung miteinander oder gar auf Grund von internationalen Vereinbarungen erledigen sollten. Aber hier handelt es sich auch mehr um technische Einzelheiten, nicht um eigentlich juristische Fragen, wenigstens nicht in dem Sinne, daß rechtstheoretische Erörterungen dabei eine Rolle zu spielen hätten. Die Tätigkeit des Juristen ist hierbei mehr nur formgebender Natur, die führende Stimme wird sachlich dem Verwaltungstechniker und dem Luftschiffer selbst gebühren müssen. Wohl aber treffen jene Sätze auf die anderen Rechtszweige zu.

Darüber wird zunächst wohl rasch Uebereinstimmung zu erzielen sein, daß im Strafrecht sowie im Strafprozeß- und Zivilprozeßrecht neue Rechtsnormen nicht notwendig sein werden;

höchstens wäre es erwünscht — hierauf hat *Meili* mit Recht aufmerksam gemacht[27] —, die Strafbestimmungen behufs erhöhten Schutzes der Schiffe oder Eisenbahnen in noch näher zu überlegendem Maße auch auf die Luftschiffe zu erstrecken, und ebenso, soweit im Zwangsvollstreckungsrecht für jene etwas Besonderes gilt, ihnen die Luftschiffe gleichzustellen [28]).

Aber auch im Privatrecht steht es nicht anders. Jede nähere Prüfung führt zu der anfänglich vielleicht überraschenden Erkenntnis, daß es auch hier möglich ist, im wesentlichen mit dem gegebenen allgemeinen Recht auszukommen; der vorhandene Bestand an Rechtssätzen erlaubt Entscheidungen aller praktisch vorkommenden Fälle: das Gesetz bedarf also keiner Lückenergänzung; und die Entscheidungen sind im wesentlichen auch praktisch befriedigend: das Gesetz bedarf also keiner Abänderung, Sonderbestimmungen für die Luftschiffahrt sind der Hauptsache nach entbehrlich.

Vor allem liegt es ja doch auf der Hand, daß hunderte und aber hunderte von Fragen, die in bezug auf die Luftschiffahrt auftreten können, nichts mit der eigentümlichen Natur der Luftschiffahrt zu tun haben, sondern in dieser luftigen Sphäre ganz dieselben sind, wie auf der festen Erde. Daß z. B. die Regeln des Kaufes, des ehelichen Güterrechts, des ganzen Erbrechts bei Luftschiffen genau so anwendbar sind, wie bei sonstigen Sachen, und einer Aenderung nicht bedürfen, versteht sich ja doch wohl von selbst. Und sogar wo es sich um eigentümliche Verhältnisse der Luftschiffahrt handelt, ist doch noch nicht gesagt, daß diese besonderen Verhältnisse auch eine besondere Regelung notwendig machen. Alle Verhältnisse, die unter einen allgemeinen Satz fallen, sind ja unter sich verschieden: darin besteht eben die Allgemeinheit des Satzes, daß er verschiedenartige Verhältnisse gleichmäßig regelt. Die Besonderheit eines tatsächlichen Verhältnisses also beweist für die Notwendigkeit, auch rechtlich etwas Besonderes dafür festzusetzen, noch gar nichts: dies scheint oft übersehen zu werden. Vielmehr darf, wie ich schon früher sagte, zu einer Sondergesetzgebung erst geschritten werden, wenn nachgewiesen ist, daß gerade die Eigenart der neuen Verhältnisse, um die es sich handelt, eine von der allgemeinen abweichende Regelung fordert.

Nun wird man freilich sofort geneigt sein, auf das Seerecht hinzuweisen: für die Seeschiffahrt besteht in sehr zahlreichen Beziehungen privatrechtliches Sonderrecht, man denke nur an die Reederei, die Frachtverträge, die Bodmerei, die beschränkte Haftung mit Schiff und Fracht, die Havarie usw.; wie nun im öffentlichen Recht eine Gleichstellung der Luftschiffe mit den Seeschiffen unzweifelhaft in weitem Maße erfolgen wird — davon habe ich ja vorher gesprochen —, so könnte man daran denken, sie auch im Privatrecht einander gleichzustellen, also die Sonderbestimmungen des Seerechts auf die Luftschiffe und die Luftschiffahrt zu übertragen. Gewiß ist dies nicht von der Hand zu weisen, aber hier bedarf es erst noch langer geduldiger Einzelarbeit, ehe man wagen darf, sich gesetzgeberisch festzulegen: für jeden einzelnen dieser Sondersätze des Seerechts müßte erst geprüft werden, welche Gründe ihn rechtfertigen und wieweit diese Gründe auch für die Verhältnisse der Luftschiffahrt zutreffen. Diese letztere Arbeit ist noch nicht gemacht, ja kaum begonnen worden. Ich persönlich habe bei einem Versuch in dieser Richtung den Eindruck gewonnen — ich wage das zu sagen, obwohl es, wie ich glaube, der gemeinen Meinung widerspricht —, daß man auch im Seerecht selbst in größerem Maße, als man zunächst annehmen möchte, mit der Anwendung der allgemeinen Rechtsgrundsätze auskommen könnte, daß also manche der bestehenden Sonderrechtssätze sich schließlich ohne Schaden entbehren ließen. Beruf und Gewerbe des Seemanns bildet über die Grenzen der Völker hinüber eine Welt für sich: durch die Abgeschlossenheit des Standes und die Eigenart seiner tatsächlichen Ausübung hat sich das bunte, so überaus anmutende, so überaus fesselnde und juristisch feine Seerecht herausgebildet, und selbstverständlich wäre es im höchsten Maße töricht, es wieder abzuschaffen, nachdem es einmal da ist — niemand denkt ja auch daran. Aber bei seiner Uebertragung auf die Luftschiffahrt muß man jedenfalls mit größter Vorsicht erst die Bedürfnisfrage beantworten. In einigen Beziehungen mag die Uebertragung zweifellos Vorteile bieten: so würde mit der öffentlich-rechtlichen Einrichtung von Luftschiff-Registern auch eine Uebertragung der Sätze, die für das Pfandrecht an Register-Seeschiffen gelten, ins Auge zu fassen sein; ebenso ließe sich erwägen, ob nicht die Vorschriften über Bergung und Hilfeleistung in Seenot und gewisse Vorschriften der Strandungsordnung [29]) analog auszudehnen und die Regeln über die Verschollenheit durch einen eigenen Satz über Luftverschollenheit entsprechend dem über Seeverschollenheit zu ergänzen wären [30]) — obwohl ein wirklich dringendes Bedürfnis hierfür nicht besteht. In anderen Beziehungen wieder wird das allgemeine Recht sicher ausreichen, so ist z. B. eine Uebertragung der für die Reederei geltenden Sätze wohl unnötig, man kommt mit den Gesellschaftsformen des allgemeinen Handelsrechts aus. Jedenfalls scheint es mir durchaus empfehlenswert, einstweilen, bis eine größere Erfahrung gesammelt ist, es in allen Hauptsachen, so insbesondere auch in bezug auf das ganze Recht der Verträge, die sich auf die Seeschiffahrt bebeziehen, der Havarie, der Haftung mit Schiff und Ladung, bei dem allgemeinen Recht zu belassen.

Zwei Fragen möchte ich noch besonders hervorheben, die dem allgemeinen Interesse am nächsten liegen, wie sie auch schon jetzt am ehesten und leichtesten praktisch werden: sie betreffen den Konflikt der Luftschiffahrt mit dem Privateigentum und die Schadensersatzpflicht.

Der Konflikt mit dem Privateigentum: wieweit muß es der Eigentümer eines Grundstücks dulden, daß das Luftschiff über sein Grundstück fortfährt oder auf seinem Grundstück landet? Aber hier bedürfen wir neuer Rechtssätze ganz gewiß nicht: der vorher mitgeteilte § 905 des BGB und die Bestimmung des § 904 über den Notstand machen eine vollkommen befriedigende Ausübung der Luftschiffahrt möglich und geben andererseits dem Eigentümer ausreichenden Schutz. Was das Fahren durch den Luftraum über fremde Grundstücke betrifft: der Eigentümer kann es nicht verbieten, soweit er kein Interesse daran hat, es zu hindern — das genügt durchaus. Streicht das Luftschiff so nahe über dem Boden hin, daß Luftzug, Geräusch, Benzingeruch den Grundeigentümer wirklich belästigen, so wird er sich das nicht gefallen zu lassen brauchen. Praktisch pflegt ja aber die Fahrt des Luftschiffs in solcher Höhe zu erfolgen, daß die Interessen des Eigentümers dadurch nicht beeinträchtigt werden — ich komme nachher in anderem Zusammenhang noch einmal darauf zurück. Und das Anlanden auf fremdem Grundstück: dies braucht der Grundeigentümer allerdings nur im Fall der Not zu dulden — dann freilich muß er es sich gefallen lassen und kann nur den Ersatz des angerichteten Schadens verlangen —, aber nach den bisherigen Erfahrungen scheinen sich auch hieraus keine Unzuträglichkeiten zu ergeben; übrigens wird ja auch mit dem steigenden Luftverkehr durch Anlegung von Luftschiffhäfen die Zahl der Konflikte zwischen Luftschiffern und Grundeigentümern in dieser Beziehung erheblich verringert werden.

Endlich die Schadensersatzpflicht: man denke nur an die Beschädigungen von Menschen und Sachen, wie sie durch Anstoßen des Luftschiffes an Gebäude oder Pflanzungen, durch Auswerfen von Ballast oder Herausfallen von Gegenständen, durch Anstreifen des Schleppseils, durch Abbrechen eines Schraubenflügels, durch Herabstürzen oder Entzündung des Ballons erfolgen können und schon erfolgt sind. Dem vorhandenen allgemeinen Schadensersatzrecht des BGB entspricht die Entscheidung, daß der Luftschiffer auf Ersatz des durch eigene Schuld angerichteten Schadens haftet, und daß er auch für die angenommenen Gehilfen haften muß, sofern er nicht nachweist, daß er bei ihrer Anstellung und Ueberwachung die nötige Sorgfalt angewendet habe. Wenn ein Luftschiffer also Sandsäcke über bewohnten Grundstücken leert, so muß er selbstverständlich den Schaden tragen, denn er konnte ihn voraussehen. Wenn das Luftschiff schlecht konstruiert, wenn die Mannschaft nicht genügend vorgebildet ist, liegt ebenfalls Fahrlässigkeit vor, und er haftet. Im übrigen aber gilt der alte Spruch, daß für den Zufall niemand aufzukommen braucht. Seltsamerweise tritt nun aber vielfach das Bestreben hervor, die Luftschiffer auch darüber hinaus noch, obwohl ihnen doch zurzeit die allgemeine Gunst in so außerordentlichem Maße gehört, in Schadensersatzverpflichtungen zu verstricken. Verschiedentlich ist versucht worden, schon vom Boden des heutigen Rechts aus ihre Schadensersatzpflicht auch bei schuldlos verursachtem Schaden zu begründen, zwar nicht unbeschränkt, aber doch für die Fälle, wo dem unterliegenden Grundeigentümer durch die Luftschiffahrt ein Schade, insbesondere ein Schade an seinem Eigentum, erwachsen ist. Man hat also an Fälle zu denken, wo völlig ohne eigene Schuld des Luftschiffers oder seiner Leute durch einen reinen Unglücksfall, wie z. B. durch ein plötzliches Unwetter, das Luftschiff etwa herabstürzt oder an ein fremdes Bauwerk heranfährt und so Sachen auf der Erde beschädigt. Verfehlt wäre es natürlich, die Schadensersatzpflicht daraus herzuleiten, daß es schon an sich ein Verschulden sei, überhaupt die Luftschiffahrt zu betreiben, da man doch wisse, daß solche Unglücksfälle sich immer ereignen könnten. Aber dieser Gedanke, mit dem man früher wohl die Haftung bei gewissen anderen gefährdenden Betrieben hat stützen wollen, darf heute als aufgegeben gelten. Er war ja auch juristisch gar nicht zu halten. Wie kann es ein Verschulden sein, zu tun, was doch durchaus getan werden muß? Wie wir nicht ohne Eisenbahn auskommen können, so können und wollen wir nicht mehr ohne Luftschiffe auskommen. *Navigare necesse est, vivere non est necesse* — der stolze bremische Spruch gilt auch hier. Aber man hat trotzdem gesagt[31]), wie der Eisenbahnunternehmer auch ohne Verschulden lediglich deshalb hafte, weil er eben das Eisenbahnunternehmen betreibe, so hafte auch der Luftschiffer dem beschädigten Grundeigentümer ohne weiteres, denn die Rechtsgarantie des Eigentums dürfe nicht um der Interessen Dritter willen versagen. Wenn der Eigentümer dulden müsse, daß der Luftschiffer durch den Luftraum über seinem Grundstück fahre, so sei das nur denkbar unter der Voraussetzung, daß dieser auch für die damit verbundenen Gefahren aufzukommen habe. Aber hier war wohl der Wunsch der Vater des Gedankens: mit Recht ist erwidert worden, diese Begründung sei keine Begründung aus dem vorhandenen Gesetz, sondern höchstens eine Umschreibung der Tatsache, daß eine Schadensersatzpflicht des Luftschiffers in gewissen Fällen dem Rechtsbewußtsein entspreche — das wäre also eine Anforderung an die künftige Gesetzgebung.

Ein zweiter Schriftsteller[32]) widerspricht zwar der soeben mitgeteilten Begründung, kommt aber gerade durch diesen Widerspruch zu einem Satz, aus dem, wenn er richtig wäre, das Bestehen der Schadensersatzpflicht ebenfalls gefolgert werden müßte, obwohl der Verfasser diesen Schluß nicht zieht. Der Grund, so sagt er, aus dem jener Rechtssatz bei den Eisenbahnen gelte, treffe für die Luftschiffahrt nicht zu, denn der Grundeigentümer müsse sich zwar die Einwirkung vorüberfahrender Eisenbahnwagen gefallen lassen, die Luftschiffahrt brauche er sich aber nicht gefallen zu lassen, vielmehr stehe ihm uneingeschränkt ein Anspruch auf Unterlassung der Luftschiffahrt über seinem Grundstück zu; aus § 905 dem Grundeigentümer die Duldungspflicht in bezug auf die Luftschiffahrt aufzuerlegen, weil er kein Interesse an ihrer Ausschließung habe, sei unrichtig; denn da es, gleichgültig, wie hoch der Ballon schwebe, jeden Augenblick möglich sei, daß etwas aus dem Ballon oder der Ballon selbst auf das Grundstück herabfalle, so sei auch das Interesse des Eigentümers an der Unterlassung immer vorhanden. Wenn aber — so würde man nun weiter folgern müssen — ein Anspruch auf Unterlassung besteht, so wird der Luftschiffer schon deshalb schadensersatzpflichtig, weil er durch Ausübung der Luftschiffahrt jenem Anspruch zuwiderhandelt. Ich halte dies für unrichtig: jener Vordersatz ist zu leugnen. Die Widerlegung ist freilich nicht leicht; ich muß mich hier darauf beschränken zu sagen: das vom BGB geforderte Interesse des Eigentümers an der Unterlassung der Handlung ist im Sinne dieser Gesetzesbestimmung nicht schon dadurch gegeben, daß die Handlung ihn bloß gefährdet, d. h. daß sie möglicherweise bei Eintreten ganz besonderer weiterer Umstände ihn schädigen könnte, sondern nur dadurch, daß sie ihn durch ihre eigenen unmittelbaren Folgen wirklich schädigt. Darum hatte ich vorher auch gesagt, daß der Luftschiffer, wenn er sich nur hoch genug halte, unbedenklich auch das Luftgebiet fremder Grundstücke durchfahren dürfe.

Von einer dritten Seite[33]) endlich ist folgende Begründung versucht worden: der Eigentümer, in dessen Eigentum störend eingegriffen werde, habe nach dem Gesetz — und dies ist richtig — einen Anspruch auf Beseitigung der „Beeinträchtigung"; wenn nun der Eigentümer geschädigt sei durch Herabfallen des Ballons usw., so bestehe die Beeinträchtigung eben in dem angerichteten Schaden, die Beseitigung der Beeinträchtigung also in der Wiederherstellung der beschädigten Sache — damit sind wir beim Schadensersatz. Auch dies halte ich für unmöglich: es würde ja zu einer allgemeinen Haftung aus jeder unverschuldeten Schadensverursachung dem Eigentümer gegenüber führen, die doch den anerkannten Grundsätzen unseres Rechts (BGB § 823) durchaus widerspricht. Zudem: eine fortdauernde Beeinträchtigung, die beseitigt werden könnte, ist im Sinne des Gesetzes nur vorhanden, wenn den Befugnissen des Eigentümers zuwider ein anderer fortdauernd auf die Sache durch Handeln einwirkt oder einen Zustand geschaffen hat, der immer aufs neue dem Ausschließungsrecht des Eigentümers widerspricht: die Beeinträchtigung selbst muß fortdauern, nicht bloß die Wirkung der einmaligen vorübergegangenen Beeinträchtigungshandlung, sofern diese Wirkung nicht selbst wieder einen Widerspruch gegen den Eigentumsinhalt darstellt. Das Beschädigtwerden der Sache durch einen Dritten widerspricht dem Inhalt des Eigentums; das Beschädigtsein der Sache widerspricht dem Eigentum an dieser nun einmal beschädigten Sache gewiß nicht.

Demnach komme ich zu dem Ergebnis: nach bestehendem Recht haftet der Luftschiffer für den Schaden, den er dem unterliegenden Grundeigentümer schuldlos zufügt, nicht. Um so weniger haftet er für den, einem beliebigen Dritten gegenüber schuldlos verursachten Schaden.

Ich möchte bei dieser Gelegenheit noch einen öfter vorkommenden Fall erwähnen, der nach einer mir gewordenen Mitteilung sogar schon anfangs der neunziger Jahre in Frankfurt a. M. zur gerichtlichen Entscheidung gelangt ist. Ein Luftschiff landet auf einem fremden Grundstück, und nun stürmt die Menschenmenge heran, um den Ballon anzusehen, und zertritt dabei Felder und Fluren. Das Amtsgericht soll damals dem Grundeigentümer, der auf Schadensersatz gegen den Luftschiffer klagte, Recht gegeben haben. Ich kritisiere diese Entscheidung nicht, da ich sie und den konkreten Fall, für den sie erfolgt ist, nicht näher kenne; ich nehme nur den Fall selbst und unterwerfe ihn der Beurteilung nach heutigem Recht. Da kommt es denn vor allen Dingen darauf an, welcher Grundeigentümer es ist, der klagt. Dem Eigentümer des Grundstücks, auf dem der Luftschiffer angelandet war, ist allerdings im allgemeinen der Anspruch auf Schadensersatz zuzubilligen. Denn entweder geschah die Anlandung mit seiner Bewilligung: dann ist sie zwar nicht widerrechtlich, aber im Zweifel wird anzunehmen sein, daß die Bewilligung nur unter Vorbehalt des Schadensersatzes erbeten und erteilt ist; und ebenso steht es [34]), wenn die Bewilligung zwar nicht erteilt ist, aber nach den Umständen die Annahme gemacht werden durfte, daß der Grundeigentümer sie erteilen würde, wenn er zugegen wäre. Oder die Anlandung geschah im Notstand: dann ist sie zwar ebenfalls nicht widerrechtlich, aber die Schadensersatzpflicht folgt, wie früher erwähnt, aus § 904. Oder endlich sie geschah wider das wirkliche oder zu befürchtende Verbot des Grundeigentümers: dann ist sie eine widerrechtliche Verletzung des Grundeigentums und verpflichtet nach § 823 zum Schadensersatz. Damit ist aber noch keineswegs gesagt, daß in allen diesen Fällen auch der Schade zu ersetzen ist, der dem Grundeigentümer durch herbeieilende Dritte zugefügt ist; insbesondere bleibt die Frage übrig, ob zwischen dem Anlanden und der Tatsache, daß durch die schaulustige Menge das Grundstück zertreten wird, ein auch im juristischen Sinne genügender Kausalzusammenhang besteht, eine Frage, die hier nicht erörtert werden kann. Jedenfalls aber braucht der Luftschiffer einen Schadensersatz höchstens an den Eigentümer des Grundstücks zu leisten, auf dem er angelandet ist, niemals aber an etwa benachbarte Grundeigentümer, deren Grundstücke durch die Volksmenge beschädigt worden sind. Wenn der Grundeigentümer selbst als Luftschiffer auf seinem eignen Grundstück gelandet wäre, so wäre er sicherlich nicht verpflichtet, seinen Nachbarn den durch die Menge verursachten Schaden zu ersetzen, denn er darf innerhalb der Grenzen seines Eigentums tun, was er will: daraus folgt aber, daß auch der fremde Luftschiffer den Nachbarn nicht schadensersatzpflichtig ist; denn auf ihre Erlaubnis kommt es, da er ja ihre Grundstücke nicht benutzt, nicht an, und selbst wenn er gegen das Verbot des ersten Grundeigentümers handelt, so begeht er doch eine Rechtswidrigkeit nur diesem gegenüber, aber niemals gegenüber dessen Nachbarn.

Es fragt sich demnach nur noch, ob eine Aenderung des bestehenden Rechtszustandes in bezug auf die Schadensersatzpflicht notwendig ist. Man hat[35]) unumwunden den gesetzgeberischen Satz gefordert, daß der Unternehmer der Luftschifffahrt für den bloß veranlaßten Schaden haften müsse; ja man hat dies sogar für den letztbesprochenen Fall getan: ebenso wie bei Ausstellungen, Wettfahrten und dergleichen müsse der Unternehmer hier Schadensersatz leisten; es sei unbefriedigend, wenn der Grundeigentümer an ein paar tausend Personen verwiesen würde. Aber diese letztere Forderung ist denn doch allzu weitgehend: wohin sollte das führen — man male es sich nur aus! Dann würde sich schließlich ein berühmter Mann überhaupt nicht mehr auf die Straße wagen dürfen!

Indes auch von den Besonderheiten dieses Falles abgesehen: erfordert die Gerechtigkeit wirklich den Satz, daß der Luftschiffer zum Schadensersatz verpflichtet sei, wenn er, obwohl ohne Schuld, fremde Personen oder Sachen beschädigt hat[36])? In dieser Allgemeinheit wäre der Satz jedenfalls viel zu weit, er würde zu Folgerungen führen, die sicher nicht erwünscht wären; es käme also darauf an, eine nähere Begrenzung für ihn zu finden. In manchen Anwendungsfällen scheint nun mir selbst viel für jenen Satz zu sprechen. Insbesondere macht für den Fall, daß es sich um eine Eigentumsschädigung gegenüber dem Eigentümer des unterliegenden Grundstückes handelt, auch mir die vorher schon mitgeteilte Begründung Eindruck, daß die Erlaubnis für den Luftschiffer, über fremde Grundstücke hinzufahren, sich praktisch nur aufrechterhalten lasse, wenn ihm auch die Verpflichtung auferlegt werde, schlechthin für die mit solchem Ueberfliegen fremder Grundstücke verbundenen Gefahren aufzukommen. Trotzdem ist meines Erachtens von der gesetzgeberischen Einführung eines solchen Satzes einstweilen dringend abzuraten. Denn ich fürchte, wir würden damit doch wieder den Weg einer Zufallsgesetzgebung wandeln. Der Grund, aus dem man in diesem Fall eine Haftung des Luftschiffers will, trifft ebenso bei einer ganzen Anzahl anderer Fälle außerhalb des Luftschiffahrtrechts zu, für die ein entsprechender Rechtssatz zweifellos nicht besteht und auch gar nicht ins Auge gefaßt ist. Und selbst innerhalb des Luftschiffahrtrechts: besteht ein entscheidender Grund dafür, Beschädigungen von Sachen und von Personen verschieden zu behandeln? und soll wirklich für den Schaden, der dritten auf dem Grundstück anwesenden Personen zugefügt ist, etwas anderes gelten als für den, welchen der Grundeigentümer selbst erleidet? endlich: falls man dies bejaht, würde man damit nicht auch zu einer Haftung kommen, wenn bei einer Ueberfahrt über öffentliche Straßen und Plätze Personen oder Sachen beschädigt würden? Kurz, man wird auf diese Weise immer weiter getrieben: eine Begrenzung des Satzes, die praktisch brauchbar und zugleich als gerecht zu rechtfertigen wäre, ist einstweilen noch nicht gefunden.

Nun wird man freilich auf die besonderen Haftungsgrundsätze hinweisen, die — in verschiedenem Maße — für Eisenbahnen, für Kraftfahrzeuge, für Seeschiffe gelten, und ihre Uebertragung auf die Luftschiffe zur Erwägung stellen. Die ersten beiden Analogien scheinen mir indes nicht zutreffend. Der Grund der Sonderbehandlung der Eisenbahnen und Kraftfahrzeuge in bezug auf die Haftpflicht gegenüber Dritten ergibt sich wesentlich daraus, daß sie auch räumlich in den allgemeinen Verkehr hineingefügt sind: sie bilden durch ihre Natur notwendig eine Gefahr für diesen Verkehr. Ganz anders aber bei Luftschiffen, deren Element bisher völlig frei war. Gewiß bringen auch die Luftschiffe eigentümliche Gefahren gegenüber Unbeteiligten mit sich, aber nicht sowohl Gefahren für den allgemeinen Verkehr, sondern Gefahren, wie sie dem Einzelnen überall drohen. Daß ein Flügel der Luftschiffschraube abfliegt und Sachen oder Personen beschädigt, ist nicht anders zu werten, als daß ein Ziegel vom Dach fällt. Am wenigsten würde vom allgemeinen Recht abgewichen werden, wenn man sich darauf beschränkte, die Bestimmung des Seerechts auszudehnen, derzufolge der Reeder für allen Schaden verantwortlich ist, den eine Person der Schiffsbesatzung einem Dritten durch ihr Verschulden in Ausführung ihrer Dienstverrichtungen zufügt, ohne daß der Reeder sich der Haftung durch den Nachweis entziehen könnte, daß er die Personen der Besatzung vorsichtig ausgewählt und genügend beaufsichtigt habe; freilich tritt die Haftung des Reeders nur mit Schiff und Fracht ein. Aber selbst hier muß man sagen: ein dringendes Bedürfnis nach einer solchen schärferen Haftungsbestimmung liegt nicht vor — oder richtiger, das Bedürfnis danach ist bei Luftschiffen nicht größer als in zahlreichen sonstigen Fällen, für die der Satz bisher zweifellos nicht gilt.

Ich meine: eine übereilte Sondergesetzgebung ist unter allen Umständen gefährlicher, als das einstweilige Festhalten am gegebenen allgemeinen Recht. Hier heißt es abwarten: wir müssen erst beobachten, wie sich die neuen Erfindungen tatsächlich in den Verkehr einfügen werden, und ob sich dabei Mißstände ergeben, die einer Abhilfe auf dem Gebiete des Rechts bedürfen. Es kommt ja auch sehr darauf an, wie unsere Richter die vorhandenen allgemeinen Bestimmungen gerade bei der Luftschiffahrt anwenden, insbesondere wie sie die Anforderungen auffassen werden, denen der Luftschiffer genügen muß, um nicht fahrlässig zu sein. Auch hierin heißt es also abwarten. Je mehr das Verständnis für alles, was den Betrieb der Luftschiffahrt angeht, auch in den Kreisen der Juristen wächst, desto mehr dürfen wir hoffen, daß sie schon im Rahmen des bisherigen Rechts Entscheidungen finden werden, welche eine richtige Vermittlung darstellen zwischen den Interessen der Luftschiffahrt, die wir doch möglichst gefördert sehen wollen, und den Interessen der Sicherheit von Eigentum und Personen.

Wie die junge Wissenschaft des Luftschiffahrtrechts schon jetzt einen guten Flug genommen hat, so wollen wir auch der künftigen Rechtsprechung in Luftschiffahrtsachen ein kräftiges „Glück ab" zurufen.

Anmerkungen.

[1]) S. z. B. *Hilty* „Die rechtlichen und politischen Folgen der Luftschiffahrt für die schweizerische Eidgenossenschaft" im *Polit. Jahrbuch der schweiz. Eidgenossenschaft* 1909, und besonders, Bern 1909.

[2]) *Fauchille* in seinem „projet de règlement" Art. 18 (*Annuaire de l'Institut* XIX [1902] S. 56); die Berichterstattung bei *Meili* „Luftschiff" S. 16^{12} tut dem Verfasser insofern unrecht, als *Fauchille* für die Nationalität des Kindes nicht die Luftschifflagge entscheidend sein lassen will — das würde bedeuten, daß das Kind die Angehörigkeit des Staats erhält, dessen Flagge das Luftschiff führt —, sondern daß er nur die Kompetenz der Gesetzgebung des Flaggenstaats hierüber ausspricht — und damit hat er in gewissem Maße Recht.

[3]) *Meili* „Ballons, Flugmaschinen und die Jurisprudenz" in der *Ila - Wochenrundschau* vom 28. 7. 09 S. 81 ff.

[4]) Darstellung und weitere Literatur s. in den Dissertationen von *Erythropel* „Das Recht am Luftraum", Göttingen 1898, und von *v. Grote* „Beiträge zum Recht der Luftschiffahrt", Leipzig 1907, S. 4—10. S. ferner *Monich* in *Iherings Jahrbüchern* XXXVIII S. 155 ff.

[5]) Von *Neumeyer* in der *Zeitschrift für Völkerrecht und Bundesstaatsrecht* III S. 378.

[6]) *Manduca* „La responsabilità penale dei reati commessi nello spazio aereo e la giurisdizione istruttoria". Estratto dal *Foro penale*, Roma 1891. (Die Schrift, die ich nicht kenne, ist angeführt bei *Pappafava* in dem in Anm. 9 genannten Buch.)

[7]) *Zitelmann* „Internationales Privatrecht" I S. 188 fg.

[8]) *Rosenberg* „Die zivil- und strafrechtliche Haftung des Luftschiffers" in den *Illustrierten aëronautischen Mitteilungen* V (1901) S. 89—93, 123—126; Debatte darüber S. 126—135.

[9]) *Pappafava* „Ueber die räumliche Umgrenzung des notariellen Wirkungskreises und zwar auf dem festen Lande, dem Wasser und im Luftraum". Uebersetzung von *Leesberg*. Innsbruck 1901, S. 49 ff.

[10]) S. darüber *Meurer* in der in Anm. 20 angeführten Schrift S. 2—7 und *Meili* „Das Luftschiff" S. 14 ff.

[11]) *Fauchille*'s Anregung: *Annuaire de l'Institut* XVIII (1900) S. 202.

[12]) Paris 1901, auch abgedruckt in der *Revue générale de Droit International Public* VIII (1901) S. 414—485.

[13]) *Annuaire de l'Institut* XIX (1902) S. 19—86; der Entwurf selbst ist auch abgedruckt bei *Meili* „Das Luftschiff" S. 55 ff.

[14]) *Annuaire* XIX (1902) S. 86—114, vervollständigt abgedruckt in der *Revue de droit international, deuxième Série* IV (1902) S. 501 ff. „Droit et aérostats". S. ferner *Fauchille* und *Nys* im *Annuaire* XIX S. 335—337.

[15]) *Fauchille* „Régime international de la télégraphie sans fil" im *Annuaire* XXI S. 76 ff., Diskussion darüber S. 293 ff. Ueber den Grundsatz der Luftfreiheit s. dort S. 78 fg., 293 ff., 327 fg.

[16]) *v. Grote* s. oben in Anm. 4.

[17]) *Schneeli* „Radiotelegraphie und Völkerrecht", Berlin 1908, S. 24 ff.

[18]) *Grünwald* (Kriegsgerichtsrat in Potsdam) „Das Luftschiff in völkerrechtlicher und strafrechtlicher Beziehung", Hannover 1908; vorher schon „Luftschiffahrt und geltendes Recht" im *Recht* 1907 S. 1439—41,

später „Der Luftraum in rechtlicher Beziehung zu den Teilen der Erde, über denen er sich befindet" im *Archiv für öffentliches Recht* XXIV S. 190—211 (1909) und „Standesamtliche Behandlung von Todesfällen und Geburten auf Luftschiffen" ebenda S. 477—498 (1909).

19) *Meili* „Das Luftschiff im internen Recht und Völkerrecht", Zürich 1908; dann später „Juristische Gedanken über die Eroberung der Luft und über das neue Recht der Luftschiffahrt" in der *Münchner Allg. Zeitung* 1908 No. 19, 20, 21 (S. 392 fg., 414 fg., 456); „Die Luft in ihrer Bedeutung für das modernste Verkehrs- und Transportrecht" in den *Blättern für Rechtsanwendung* LXXIV No. 1 und 2 (1909); „Das Luftschiff und die Rechtswissenschaft" in den *Blättern für vergleichende Rechtswissenschaft* IV No. 8 (Februar 1909), und besonders, Berlin 1909; „Die Luftschiffahrt und das Recht" in der *Zukunft* XVII S. 121 ff. (April 1909); „Die Aeronautik und die Rechtsbildung" in der *Frankfurter Zeitung* vom 9. 4. 09 No. 99; der in Anm. 3 angeführte Vortragsbericht in der *Ila*; „Das Luftrecht" in der *Woche* vom 9. 10. 09.

20) *Meurer* „Luftschiffahrtsrecht" in den *Annalen des Deutschen Reichs* 1909 S. 181 ff., und besonders, München und Berlin 1909.

21) *Meyer, Alex,* „Die Erschließung des Luftraumes in ihren rechtlichen Folgen", Frankfurt a. M. 1909, und „Die Luftschiffahrt in kriegsrechtlicher Beleuchtung", ebenda 1909.

22) Die zuletzt erschienenen Schriften von *Magnani* „Il diritto sullo spazio aereo e l'aeronautica", Dissertazione, Torino 1909, *Mumm* „La navigation aérienne et le droit" (Bericht darüber im *Journal du droit international* XXXVI [1909] S. 1010 ff.) und *Fleischmann* „Gedanken eines Luftrechts", München 1910, habe ich bei dieser Arbeit nicht mehr einsehen können. — Nicht zugänglich gewesen sind mir die Abhandlungen von *Collard* in der *Themis* LXIX No. 3 (1908) „Beschouwingen over de rechtsverhouding van de luchtruimte tot den staat, bowen welks grondgebied zij zich verheft", *Julliot* „de la propriété du domaine aérien", Extrait de la *Revue des Idées*, Paris 1008, und *Kuhn* „Aerial navigation in its relation to international law" (A paper read at the international law sessions of the American political science association held at Richmond Dec. 3 1908) 1909.

23) *Neubauer* „Die Ausgestaltung der Luftschiffahrt in ihren mutmaßlichen Wirkungen auf das Rechtsleben" in der *Gerichtshalle* LII (1908) S. 602.

24) Zum Vorangehenden siehe die Anführungen bei *Meili* „Luftschiff" S. 46 fg., *Meurer* „Luftschiffahrtsrecht" S. 10 fg., *A. Meyer* „Erschließung des Luftraumes" S. 14 fg.

25) *A. Meyer* „Luftschiffahrt" S. 45[4]; anders die Beurteilung bei *Wilhelm* „De la situation juridique des aéronautes en droit international" im *Journal du droit intern.* XXI (1891) S. 440 ff.

26) *Boschan* „Beurkundung von Todesfällen auf Luftschiffen" im *Recht* 1908 S. 706 ff.; *Grünwald* „Standesamtliche Behandlung von Todesfällen und Geburten auf Luftschiffen" im *Archiv für öffentliches Recht* XXIV (1909) S. 477 ff.

27) *Meili* „Das Luftschiff" S. 40, 42.

28) *Meili* „Das Luftschiff" S. 35.

29) *Gareis* „Juristische Ausblicke in die Zukunft des Luftschiffahrts-Betriebs" in der Beilage der *Münchner Neuesten Nachrichten* vom 17. 2. 09 S. 324.

30) *David* „Luftverschollenheit" in der *Deutschen Juristenzeitung* 1908 S. 1220. Diese und die vorige Frage warf bereits *Nys* in seinem in Anm. 14 angeführten Bericht, *Revue de droit intern., deux. Série* IV S. 520 auf.
31) *Kipp* „Luftschiffahrt und Grundeigentum" in der *Juristischen Wochenschrift* 1908 No. 19 S. 643 ff. Zustimmend *Meurer* a. a. O. (s. oben Anm. 20) S. 16.
32) *Ludowieg* „Zur Schadensersatzpflicht des Luftschiffers" in der *Juristischen Wochenschrift* 1908 No. 21 S. 705.
33) *Linckelmann* „Luftschiffahrt und Grundeigentum" in der *Juristischen Wochenschrift* 1909 No. 1 S. 8 fg.
34) Vgl. *Zitelmann* „Ausschluß der Widerrechtlichkeit", Tübingen 1906, S. 128 ff.
35) *Meili* in der in Anm. 3 angeführten Schrift S. 84.
36) Dafür *Gareis* a. a. O. (s. oben Anm. 29).

Printed by Libri Plureos GmbH
in Hamburg, Germany